AF381081

DAS FÜNF-KRÄFTE-MODELL

Porters Erklärung des Wettbewerbsvorteils

Verfasst von Stéphanie Michaux
In Zusammenarbeit mit Anne-Christine Cadiat
Übersetzt von Mareike Lobeck

Business 50MINUTEN.de

DAS FÜNF-KRÄFTE-MODELL

SCHLÜSSELINFORMATIONEN

- **Bezeichnungen:** Fünf-Kräfte-Modell, fünf Wettbewerbskräfte, Branchenstrukturanalyse
- **Anwendungsbereich:** Analyse des Wettbewerbsumfelds in einer Branche
- **Funktionsweise:**
  - Dieses Modell dient dem Verständnis von der Branche und den Beziehungen zwischen einzelnen Marktakteuren.
  - Außerdem werden die Leistungs- und Entscheidungsfaktoren der Branche bestimmt.
  - Zudem kann mithilfe des Modells bewertet werden, wie sich Veränderungen innerhalb der Branche auf die Profitabilität des Unternehmens auswirken.
- **Schlüsselwörter:**
  - <u>Wettbewerbsvorteil:</u> vom Unternehmen geschaffener und von den Kunden empfundener Wert, der das Unternehmen von anderen Akteuren der Branche unterscheidet und

ihm zu einer besseren Rentabilität verhilft; Differenzierungskraft, die Verhandlungen ermöglicht

- Konzentration einer Branche: Macht gewisser Akteure in einer bestimmten Branche. Wenn sich nur wenige Unternehmen den Markt teilen, ist die Branche konzentriert.
- Wettbewerb: nicht zu vernachlässigender Aspekt eines Marktes, dessen Unternehmen um den größten Marktanteil kämpfen
- Wechselkosten: bezeichnen die Ressourcen, die notwendigerweise investiert werden müssen, wenn Systeme/Prozesse/Technologien gewechselt werden
- Strategie: Festlegung aller notwendigen Handlungen und Ressourcen, damit das/die anfangs bestimmte(n) Ziel(e) langfristig erreicht werden und eine einzigartige, begehrenswerte Position im Wettbewerbsumfeld eingenommen werden kann.
- Rentabilität: Verhältnis der finanziellen Ergebnisse zu den anfänglichen Investitionen

EINLEITUNG

Da sich jedes Unternehmen in einem Wettbewerbsumfeld bewegt, ist es entscheidend – wenn nicht sogar lebenswichtig –, sich von den anderen Unternehmen abzuheben. Ein Unternehmen muss nicht nur kontinuierlich seine bisherigen Marktanteile verteidigen, es muss auch ständig seine Alleinstellungsmerkmale hervorheben, um den eigenen Wettbewerbsvorteil zu wahren bzw. zu schaffen.

Das Modell wurde 1979 von dem amerikanischen Harvard-Professor für Unternehmensstrategie, Michael E. Porter (geboren 1947), entwickelt und ermöglicht Unternehmensführern, Trends innerhalb ihrer Branche sowie Entwicklungen des Wettbewerbs abzuschätzen. Mittels strategischer Entscheidungen werden so Wettbewerbsvorteile erhalten bzw. generiert.

Definition

Das Fünf-Kräfte-Modell nach Porter ist eine grundlegende Methode, um die Wettbewerbsstruktur innerhalb einer Branche darzustellen. Das einfache und wirksame Analyseinstrument ermöglicht es, die Wettbewerber (im weitesten Sinne) eines Unternehmens zu identifizieren, aber auch abzuschätzen, inwieweit diese sein Profitpotenzial einschränken können.

Eine vollständige Analyse untersucht fünf Kräfte: Verhandlungsstärke der Kunden, Verhandlungsstärke der Zulieferer, Bedrohung durch Ersatzprodukte, Bedrohung durch neue Marktzugänger und Wettbewerb innerhalb der Branche. Die ersten vier Elemente wirken unabhängig voneinander und verstärken die Rivalität innerhalb einer Branche.

DAS FÜNF-KRÄFTE-MODELL IN DER THEORIE

In den 1970er Jahren veröffentlicht Michael E. Porter eine Reihe von Artikeln über Strategie, die gesammelt unter dem Titel *Competitive Strategy. Techniques for Analyzing Industries and Competitors*[1] erscheinen. Das Werk wurde in 19 Sprachen übersetzt und ist inzwischen ein Standardwerk geworden. Porter entwickelt darin ein wirkungsvolles Modell, das nicht nur Theorie und Praxis, sondern auch die gesamte Strategielehre weltweit revolutioniert: das Fünf-Kräfte-Modell.

Hier liegt der Fokus auf den verschiedenen Kräften, die das Wettbewerbsumfeld einer Branche strukturieren und beeinflussen. Aus strategischer Sicht ist diese Analysetechnik enorm wichtig, um die Positionierung eines

---

1. *Wettbewerbsstrategie. Methoden zur Analyse von Branchen und Konkurrenten.* 12., akt. und erw. Aufl. Campus Verlag 2013.

Unternehmens auf dem Markt zu bestimmen, aber auch, um sich gegen die Konkurrenz durchzusetzen. Dazu müssen folgende Elemente eindeutig identifiziert werden:

- die Beziehungen des Unternehmens zu anderen Akteuren der Branche, darunter:
  - Kunden
  - Zulieferer
  - Produzenten von Ersatzprodukten
  - potenzielle Marktzugänger
  - Wettbewerber
- und damit die fünf Kräfte:
  - Verhandlungsstärke der Kunden
  - Verhandlungsstärke der Zulieferer
  - Bedrohung durch Ersatzprodukte
  - Bedrohung durch neue Marktzugänger
  - Konkurrenz innerhalb der Branche

VERHANDLUNGSSTÄRKE DER KUNDEN

Die Verhandlungsposition der Kunden bestimmt darüber, wie groß ihr Einfluss auf das Wettbewerbsumfeld ist. Sie können Unternehmen dazu zwingen, ihre Preise zu senken, höhere Qualität oder Zusatzleistungen verlangen oder auch den Wettbewerb zwischen zwei Akteuren befeuern. Da die Käufer den Preis mitbestimmen, haben sie so direkten Einfluss auf die Rentabilität des Marktes.

Kunden sind stärker, wenn

- ihre Anzahl insgesamt gering ist oder sie große Mengen kaufen
- die Produkte auf dem Markt standardisiert sind und sich nur wenig von Konkurrenzprodukten unterscheiden
- die Wechselkosten für einen Zuliefererwechsel gering sind
- sie das Angebot des Zulieferers direkt in ihre eigene Produktionskette miteinbeziehen können, wodurch der Zulieferer überflüssig würde.

VERHANDLUNGSSTÄRKE DER ZULIEFERER

Genauso können auch Zulieferer die Profitabilität in einer Branche beeinflussen, indem sie, ebenso wie die Kunden, ihre eigenen Bedingungen (bezüglich Kosten oder Qualität) durchsetzen.

Zulieferer sind stark, wenn

- sie stark konzentriert sind oder ein Monopol besitzen
- sie viele Kunden aus verschiedenen Branchen bedienen
- die Wechselkosten hoch sind
- sie differenzierte Produkte anbieten und es keine Ersatzprodukte für ihr Angebot gibt
- sie Schritte aus dem weiteren Verlauf der Produktionskette (die bisher vom Kunden ausgeführt wurden) in ihr eigenes Kerngeschäft miteinbinden können

Zulieferer üben direkten Einfluss auf eine Branche aus, indem sie mit ihren Kunden Vertragsbedingungen (neu) verhandeln und dabei ständig den besten Preis anstreben.

BEDROHUNG DURCH ERSATZPRODUKTE

Ersatzprodukte bieten Alternativen zum bereits bestehenden Angebot innerhalb der Branche. Sie befriedigen ähnliche Bedürfnisse auf eine andere oder innovativere Art. So ist beispielsweise die E-Mail zum Ersatzprodukt für den Brief und der

MP3-Player zum Ersatzprodukt für den Walkman geworden.

Ersatzprodukte gibt es in jeder Branche. Sie werden zu einer echten Bedrohung, wenn

- sie höhere Qualität bieten
- die Wechselkosten für den Wechsel zum Ersatzprodukt gering sind
- der Preis für das Ersatzprodukt niedriger ist

Allgemeiner ausgedrückt stellen Ersatzprodukte eine Bedrohung dar, indem sie Marktanteile gewinnen und Druck auf den Preis ausüben.

BEDROHUNG DURCH NEUE MARKTZUGÄNGER

Neue Marktzugänger stellen den Markt auf den Kopf, indem sie dort durch ein besseres Wertangebot für neue Käufer eine bislang unbesetzte Position einnehmen. Ihr Streben nach neuen Marktanteilen verschärft den Druck auf die Kosten- und Investitionspolitik und die Preise.

Die Bedrohung durch neue Marktzugänger ist größer, wenn

- die Technologie nicht durch Patente geschützt ist, wodurch sie leichter zugänglich wird
- Marktzutrittsschranken und Kapitalbedarf sehr gering sind

GUT ZU WISSEN: MARKTZUTRITTSSCHRANKEN

Innerhalb einer Branche bezeichnet der Begriff der „Marktzutrittsschranke" die Schwierigkeit – natürliche oder künstliche Hindernisse –, der ein neuer Akteur ausgesetzt ist, wenn er sich in einer Branche durchsetzen möchte, vor allem hinsichtlich der erforderlichen Erstinvestitionen. Solche Hindernisse können auch künstlich von bereits auf dem Markt aktiven Unternehmen aufgebaut werden. Hohe Marktzutrittsschranken bieten den älteren Akteuren einen gewissen Schutz gegen neue Marktzugänger.

Marktaustrittsschranken beziehen sich dagegen auf einen psychischen Aspekt. Für Kunden handelt es sich hierbei um die Anstrengungen, die aufgebracht werden müssen, um von einem Produktkreis zu einem anderen zu wechseln.

- die Größendegression gering ist
- es wenig kulturelle Hürden gibt
- die Wechselkosten für Kunden gering sind
- die Markenimages der bisher innerhalb der Branche etablierten Unternehmen nur schwach ausgeprägt sind
- nur eine schwache Kundenbindung besteht
- die Wahrscheinlichkeit, dass die bereits auf dem Markt agierenden Akteure sich aktiv zur Wehr setzen, gering ist
- die Regierung Marktzugängern Hilfen und Subventionen bietet

KONKURRENZ INNERHALB DER BRANCHE

Die Konkurrenz innerhalb der Branche, die in der Mitte des Modells dargestellt wird, kann von den anderen Kräften des Modells beeinflusst und bewertet werden. Die Konkurrenten kämpfen kontinuierlich um neue Marktanteile bzw. um deren Erhalt. Interne Konkurrenz kann verschiedene Formen annehmen und sich durch verschiedene Strategien bemerkbar machen. Dazu gehören:

- Preissenkungen
- Einführung neuer Produkte

- Werbekampagnen
- Verbesserung der Produkt- bzw. Dienstleistungspalette

Das Ausmaß des Wettbewerbs hängt von der Anzahl aktiver Unternehmen in einer Branche, ihrer jeweiligen Größe und dem Umfang ihrer Marktanteile ab. Der Wettbewerb kann sich verstärken, wenn:

- die Branche nicht konzentriert ist (das heißt, wenn es viele, ungefähr gleich große Wettbewerber gibt)
- die Wachstumsrate der Branche gering ist
- die Marktzutrittsschranken niedrig und/oder die Marktaustrittsschranken hoch sind
- die Produkte nur wenig differenziert sind
- die Fixkosten hoch sind

Die Zusammensetzung der fünf Kräfte ist für jede Branche anders. Je nach Ausprägung, Hierarchie und Dynamik der Kräfte können die kritischen Erfolgsfaktoren (KEF) bestimmt werden. Diese strategischen Elemente zu beherrschen garantiert einen nachhaltigen Wettbewerbsvorteil.

Die fünf Kräfte nach Porter

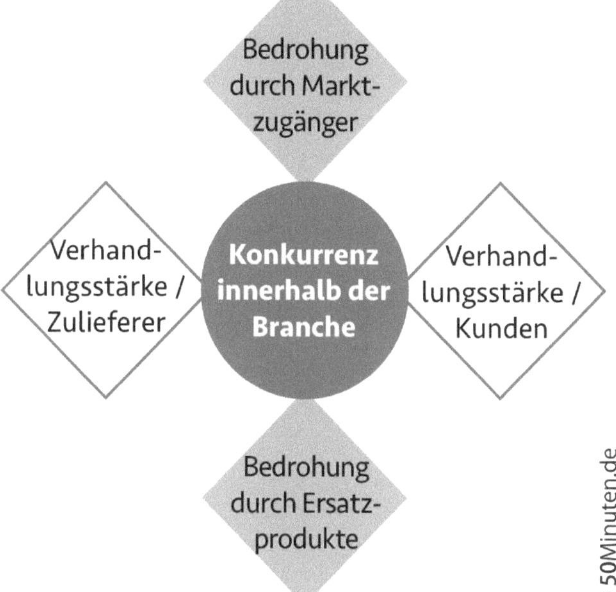

Je ausgeprägter diese Kräfte sind, desto kleiner ist der Handlungsspielraum der Unternehmen: Ihre potenzielle Rendite verliert an Attraktivität. Je geringer die Kräfte hingegen ausgeprägt sind, desto rentabler sind die Unternehmen, da sie vor ihren Wettbewerbern geschützt sind. Es ist also sehr wichtig, in Tätigkeiten zu investieren, die einen nachhaltigen Wettbewerbsvorteil unterstützen, um so die Profitabilität eines Projekts zu sichern. Dies ermöglicht dem Unternehmen, seine Margen und Marktanteile zu behalten.

Die Performanz eines Unternehmens hängt dementsprechend von seiner Fähigkeit ab, das Wettbewerbsumfeld zu bekämpfen und zu beeinflussen.

DAS FÜNF-KRÄFTE MODELL: SCHWÄCHEN UND ERGÄNZUNGEN

Porters größter Beitrag liegt in der Klassifizierung der verschiedenen Wirtschaftsfaktoren, die die Profite einer Branche beeinflussen – durch ein Modell, das nicht nur die vertikale Integration der Wertkette beinhaltet, sondern auch den Wettbewerb auf dem Markt.

Trotzdem weist das Modell auch Schwächen auf und bietet mehrere Kritikpunkte.

SCHWÄCHEN UND KRITIK

Schwach und unvollständig

In mehreren wissenschaftlichen Artikeln wird die Aussagekraft von Porters Modell in Frage gestellt. Zu den häufigsten Kritikpunkten gehören:

- **Unterschätzung der Möglichkeiten**: Da sich das Fünf-Kräfte-Modell ausschließlich auf aktuelle und zukünftige Bedrohungen sowie auf die Verteidigung von Marktanteilen fokussiert, bietet es nur wenig Raum für eine Chancenanalyse des Marktes. Außerdem werden Interaktionsdynamiken und möglichen Kooperationen zwischen Akteuren derselben Branche keine Beachtung geschenkt.

- **Versteckte Wertschaffung**: In seinem Modell konzentriert sich Porter vor allem auf Marktzutrittsschranken und Marktstruktur, um überdurchschnittliche Profite zu garantieren. Dadurch werden jedoch das zentrale Konzept der Wertschaffung für die Kunden sowie die Entwicklung neuer Produkte und Dienstleistung im Unternehmen außer Acht gelassen.
- **Vorrang der Branche**: Da die Struktur der Branche im Zentrum des Ansatzes steht, ist Porters Modell für alle aktiven Wettbewerber auf einem Markt gleich. Allerdings müssten auch andere Parameter in die erweiterte Wettbewerbsanalyse miteinbezogen werden – zum Beispiel die Stärken und Kernkompetenzen der aktiven Unternehmen auf dem Markt. So gibt es beispielsweise Unternehmen, die eine einzigartige, begehrenswerte Position auf dem Markt einnehmen, wodurch sie von bestimmten Kräften abgeschirmt werden.

- **Übersehen der veränderlichen Nachfrage**: Porters Modell verschleiert die Faktoren, die die Nachfrage beeinflussen. Wirtschaftliche Grundlagen wie eine gewisse Dynamik von den Einkommen der Kunden oder ihrem Geschmack werden nicht beachtet.

- **Qualitative Analyse**: Wegen des rein qualitativen Ansatzes des Modells kann die Ausprägung der Faktoren nicht genau bestimmt werden. So besteht beispielsweise keine Möglichkeit zur Berechnung der Wahrscheinlichkeit neuer Marktzugänger, selbst wenn die Anwendung des Modells ergibt, dass eine erhöhte Bedrohung durch neue Marktzugänger vorliegt. Das Modell ist also vor allem dann nützlich, wenn Trends und Entwicklungen innerhalb einer Branche bestimmt werden sollen.

Überholt?

Andere Analysten gehen noch weiter und behaupten, dass Porters Fünf-Kräfte-Modell mit der globalisierten Wirtschaft und der Entwicklung der neuen Technologien nicht vereinbar ist. Das Modell (im Einklang mit Strategien, die auf Wettbewerb und der

Wichtigkeit von Marktzutrittsschranken basieren) wird von der heutigen Wirtschaft widerlegt, die ständig Neuzugänge aller Art zulässt und sich so stetig verändert. In den letzten Jahren ließ sich vielfach beobachten, wie sich der Wettbewerbsvorteil großer Unternehmen durch radikale Innovationen innerhalb kürzester Zeit verflüchtigt hat. So musste beispielsweise *Kodak*, einer der Hauptakteure in der FotografieBranche, im Januar 2012 Konkurs anmelden.

Hinzu kommt, dass auch Synergien und gegenseitige Abhängigkeiten der Leistungspaletten großer Unternehmen, die in einer globalisierten Wirtschaft bestehen können, nicht miteinbezogen werden.

ERGÄNZUNGEN UND VERWANDTE MODELLE

Die 5(+1) Kräfte nach Porter

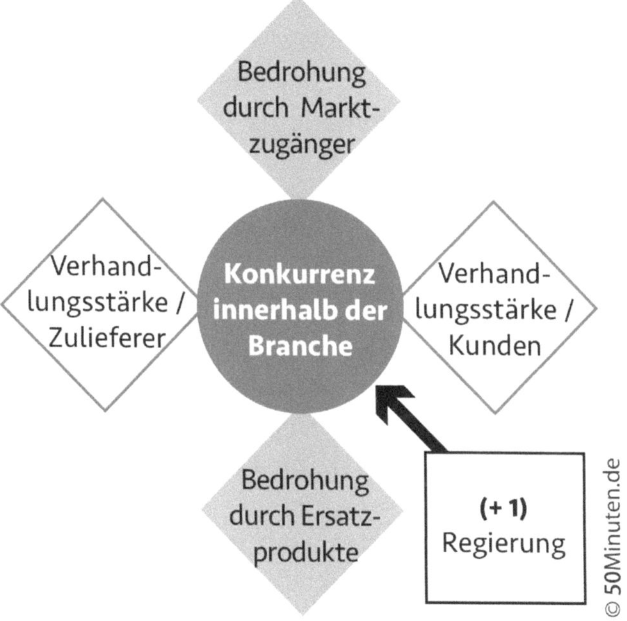

Porters Originalmodell kann durch eine sechste Kraft ergänzt werden, deren Einfluss nicht zu vernachlässigen ist: die Regierung. Man spricht in diesem Fall von 5(+1) Kräften.

Zwar wurde die Regierung im ersten Modell lediglich als Kunde oder Zulieferer betrachtet, sie sollte wegen ihrer regulierenden Rolle jedoch einzeln analysiert werden. Die Unternehmen, die auf einem Markt aufeinandertreffen, müssen sich innerhalb eines gewissen rechtlichen Rahmens bewegen. In gleicher Weise beeinflussen auch Faktoren wie Normen, Reglementierungen, Steuern oder diplomatische Beziehungen eines Staates den Markt.

In seinen jüngsten Arbeiten lehnt Porter die Erweiterung des Modells ab. Er sieht die Regierung nicht als Kraft, sondern als Faktor an. Die Auswirkung einer Regierung auf die Wirtschaft lässt sich am besten erkennen, wenn man analysiert, welchen Einfluss innenpolitische Maßnahmen auf die fünf Kräfte haben.

Ebenso betont Porter auch die Wichtigkeit der „Komplementärprodukte". Diese Produkte und Dienstleistungen werden ergänzend zu den Produkten der betrachteten Branche verwendet. Komplementärprodukte werden wichtig, wenn der Gewinn der kombinierten Produkte höher ist als der addierte Gewinn beider Einzelprodukte. Sie können – vor allem im Bereich der neuen

Technologien – eine große Rolle spielen (z. B. eine speziell für die Telekommunikationsbranche entwickelte Software), da sie sich auch auf die Nachfrage auswirken.

DAS FÜNF-KRÄFTE-MODELL IN DER PRAXIS

TIPPS UND BEST PRACTICES

Mit den folgenden Schritten kann die Beschaffenheit einer Branche gut analysiert werden.

Definition der betrachteten Branche

Zur Definition einer Branche sollte der Fokus auf zwei Hauptmerkmale gelegt werden: Produkte und geografischer Raum. Welche Produkte sollten in der Analyse betrachtet werden? Welche Produkte können vernachlässigt werden, weil sie in eine andere Branche gehören? In welchem geografischen Raum sind die Wettbewerber aktiv?

Identifikation der Bestandteile des Modells

Anschließend müssen die verschiedenen Kräfte mithilfe von speziell auf sie ausgerichteten Fragen identifiziert werden. Die Antworten zeigen Trends auf, ebenso wie Bedrohungen, die diese darstellen. Es ist wichtig, die Fragen zweimal zu beantworten, damit sowohl die momentane Situation dargestellt als auch zukünftige Trends abgeschätzt werden können.

Kunden oder Kundengruppen

- Wie konzentriert ist die Branche der Kunden?
- Wie groß ist das Einkaufsvolumen dieser Kundengruppen?
- Könnten sie sich Ersatzprodukten zuwenden?
- Tätigen sie Investitionen, die Geschäfte mit bestimmten Partnern vereinfachen?
- Besteht eine ernstzunehmende Bedrohung, dass die Kunden Produktionsschritte des Zulieferers in ihre eigene Produktion integrieren?
- Können die Preise bei jeder Bestellung zwischen Kunden und Zulieferern verhandelt werden?

Zulieferer

- Ist die Branche der Zulieferer konzentrierter als die analysierte Branche?
- Wie groß ist das Einkaufsvolumen der analysierten Branche?

- Tätigen die Unternehmen dieser Branche Investitionen, die Geschäfte mit Zulieferern vereinfachen?
- Besteht eine ernstzunehmende Bedrohung, dass die Zulieferer Produktionsschritte des Kunden in ihre eigene Produktion integrieren?
- Sind sie gezwungen, den Preis anzuheben?
- Ist es für die Zulieferer einfach, neue Kunden zu finden?
- Sind die Marken der Zulieferer stark?

Bestehende Konkurrenten

- Wie ist die Konkurrenz aufgebaut?
- Wie stark sind die Produkte differenziert?
- Welche strategischen Ziele verfolgen die Konkurrenten?
- Wie hoch ist die Wachstumsrate der Branche?
- Wie sieht die Kostenstruktur in der betrachteten Branche aus?
- Wie hoch ist die Konzentration der Verkäufer?
- Gibt es große Kostenunterschiede zwischen den Konkurrenten?
- Können die Unternehmen ihre Preise problemlos anpassen?
- Gibt es Marktaustrittsschranken?

- Kann der Preis der Nachfrage angepasst werden?
- Besitzen die Konkurrenten eine Überschusskapazität?

Ersatzprodukte

- Werden solche Produkte angeboten? Existieren sie in großen Mengen?
- Wie wird das Preis-Leistungs-Verhältnis für diese Produkte wahrgenommen?
- Wie weit kann der Preis der Nachfrage angepasst werden?
- Gibt es Komplementärprodukte?
- Wie ist das Preis-Leistungs-Verhältnis der Komplementärprodukte?

Neue Marktzugänger

- Wie viel Kapital wird benötigt, um den Markt zu betreten?
- Wird eine ausgeprägte Größendegression erreicht?
- Wie stark ist das Markenimage?
- Haben sie einfachen Zugang zu Vertriebsnetzen?
- Haben sie einfachen Zugang zu Rohstoffen?

- Haben sie einfachen Zugang zur entsprechenden Technik?
- Werden sie von der Regierung unterstützt?
- Was ist ihr Ziel?

Die verschiedenen Kräfte sollten gründlich gewichtet werden, damit das erstellte Modell der betrachteten Branche möglichst genau entspricht.

Identifikation und Ausprägung der Antriebe hinter jeder Kraft

Für jede Kraft sollte geprüft werden, ob sie so einflussreich ist, dass sie den Profit der Branche steigern oder mindern könnte. Durch die Gewichtung der Kräfte kann die Fähigkeit eines Unternehmens ermittelt werden, Profit zu generieren. Je stärker ausgeprägt die fünf bzw. sechs Kräfte sind, desto geringer sind die Profitmöglichkeiten, da der Markt in diesem Fall als stagnierend betrachtet wird. Sind die Kräfte hingegen schwach, ist es theoretisch möglich, große Margen zu erreichen.

Nur weil eine Branche stark wächst, ist sie damit nicht automatisch attraktiv. Bietet sie z. B. viele

Möglichkeiten, ist auch die Gefahr groß, dass über kurz oder lang ein starker Wettbewerb entsteht.

Eingrenzung und Bewertung der Branchenstruktur

- Wie rentabel ist sie?
- Wer steuert und beeinflusst die Kräfte?
- Wie lange ist die Analyse gültig?

Analyse aktueller und potenzieller Veränderungen in der Branche

Veränderungen in einer Branche können sehr plötzlich auftreten, daher sollten die Analysekriterien ständig aktualisiert werden. Die Analyse kann kritische Erfolgsfaktoren hervorheben, die Unternehmen ermöglichen, einen nachhaltigen und entscheidenden Wettbewerbsvorteil zu entwickeln.

GUT ZU WISSEN: FEHLERQUELLEN

Bei der Analyse entstehen zahlreiche Fehlerquellen, wenn:

- die Branche ungeschickt definiert wird
- die Akteure nur aufgelistet, aber nicht wirklich analysiert werden
- die Entwicklung der Branche nicht beachtet wird
- Ursachen und Wirkung verwechselt werden
- Trends innerhalb der Branche ignoriert werden

Zudem muss eine solche Analyse die wirtschaftlichen Grundlagen der verschiedenen Kräfte miteinbeziehen. Analysewerkzeuge für die Konkurrenz innerhalb der Branche, neue Marktzugänger und Ersatzprodukte gehen auf die Spieltheorie und Industrieökonomik zurück. Die Bewertung des Einflusses von Kunden und Zulieferern ist wiederum der Theorie der vertikalen Beziehungen der Unternehmen entnommen.

Das Modell legt vor allem Grundlagen für strategische Entscheidungen die dementsprechend häufig aus einer solchen Analyse heraus entstehen. Unter den häufigsten sind:

- **(Re-)Positionierung des Unternehmens:** Nach der Analyse können Manager entscheiden, ihr Unternehmen (neu) zu positionieren, um die Konkurrenz zu überholen. Dies geschieht, indem es sich entweder durch die Kosten oder durch sonstige Wettbewerbsvorteile von anderen Unternehmen unterscheidet. Hierdurch kann es dem Einfluss einiger Kräfte entkommen und sich so einen langfristigen Profit sichern.

- **Eroberung eines neuen, wenig genutzten Segments der Branche:** Durch die Investition in eine bislang kaum genutzte Nische kann sich das Unternehmen eine höhere Rendite sichern.

- **Beeinflussung der Kräfte zum eigenen Vorteil:** Auch wenn dies kompliziert ist, kann ein Unternehmen versuchen, die Kräfte zu seinen Gunsten zu ändern und zu beeinflussen. Dies kann vor allem durch Kooperationen mit anderen Akteuren geschehen, um so den Wettbewerb innerhalb der Branche zu schwächen, oder durch den Aufkauf neuer Marktzugänger. Um die Stärke der Zulieferer zu reduzieren, kann ein Unternehmen einige von deren Tätigkeiten in seine eigene Wertschöpfungskette integrieren.

Aus unternehmerischer Sicht sollte dieses Modell Teil einer wesentlich ausführlicheren Analyse sein, die beispielsweise SWOT- (Stärken, Schwächen, Chancen und Risiken) und PESTEL-Analysen (politische, wirtschaftliche, soziokulturelle, ökologische und rechtliche Faktoren) beinhaltet, wodurch die wahrscheinlichen Chancen und Risiken einer Branche erkannt werden können.

FALLSTUDIE – E-READER

Zur Veranschaulichung wird im Folgenden der Markt der E-Reader betrachtet.

GUT ZU WISSEN: DER E-READER

Ein E-Reader, auch E-Book-Reader, ist ein elektronisches Gerät, das einzig als Lesegerät für E-Books genutzt wird. Er wurde in den Neunzigerjahren von zwei italienischen Studenten entwickelt, erlangte aber nicht den erhofften Erfolg, als er Ende der Neunziger in Frankreich vermarktet wurde. Erst gegen Ende der Nullerjahre entstand zunächst in den USA und später auch in Europa ein größeres Angebot an

E-Readern. Etwas später als die Anbieter im englischsprachigen Raum wagen sich mittlerweile auch deutsche Anbieter auf den Markt.

Die Buchindustrie, die sich in den letzten Jahren aufgrund der schwierigen Wirtschaftssituation stark verändert hat, muss sich den daraus resultierenden Herausforderungen stellen. Dazu gehören vor allem die spektakuläre Entwicklung des Onlinehandels und das Schließen vieler Buchläden. Auch die Entwicklung zum digitalen Lesen erschüttert viele traditionelle Wirtschaftsmodelle. Trotzdem wird der Markt mittlerweile als gesättigt angesehen. Vergleicht man die Anzahl der E-Book-Käufer in Deutschland zwischen 2013 (3,4 Millionen) und 2017 (3,5 Millionen), kann nur ein minimaler Anstieg beobachtet werden. Tatsächlich sind die Zahlen seit 2015 rückläufig (3,9 Millionen E-Book-Käufer).

Welche Kräfte wirken in dieser Branche? Welche Akteure üben Druck aus? Welche Unternehmen beschleunigen die Trends?

- **Verhandlungsstärke der Kunden:** Im Fall der E-Reader wird diese Stärke als durchschnittlich ausgeprägt angesehen. Gemessen an der sehr großen Menge der Leser wirkt sich der Wechsel von Käufern zu anderen Lesegeräten aufgrund der niedrigen Anzahl an Verkäufern nur geringfügig aus. Das durchschnittliche Einkaufsvolumen eines E-Readers ist nicht so groß, als dass es einen Akteur der Branche bei einem Wechsel destabilisieren könnte. Dennoch sind die Wechselkosten, die ein Leser aufbringen muss, um zur Konkurrenz zu wechseln, im momentanen Umfeld relativ hoch: Leser werden vermutlich eine Buchhandlung bevorzugen, die zu ihrem E-Reader passt. Trennt sich ein Leser von seinem ersten Modell (z. B. einem *Kindle*, der die bei *Amazon* angebotenen Formate unterstützt), kann das Übertragen seiner Bücher auf das neue Lesegerät schwierig werden, wenn dieses ein anderes Format unterstützt.

- **Verhandlungsstärke der Zulieferer:** Auch die Verhandlungsstärke der Zulieferer gegenüber den aktiven Unternehmen auf dem Markt ist recht gering, da es sehr unwahrscheinlich ist, dass sie nachfolgende Schritte in ihre eigene

Produktionskette integrieren. Hinzu kommt, dass die Unternehmen der E-Reader-Branche kein Problem hätten, neue, genauso gute Zulieferer zu finden, sollten die bisherigen ihre Preise bedeutend anheben, da die Branche nicht sehr konzentriert ist.

- **Ersatzprodukte:** Da diverse andere Produkte E-Reader ersetzen können – angefangen bei gedruckten Büchern und Tablets –, ist es schwierig, Kunden langfristig an sich zu binden. Genauer gesagt kann es sehr gut sein, dass E-Reader – die sich seit mehreren Jahren technisch nicht mehr weiterentwickelt haben – von Smartphones eingeholt werden. Diese besitzen nicht nur ähnliche, sondern vor allem zusätzliche Funktionen. Aber auch Lesen ganz allgemein steht im Wettbewerb mit allen anderen Freizeitbeschäftigungen. Die Bedrohung durch Ersatzprodukte wird noch größer, wenn man bedenkt, dass die Anzahl der Leser jedes Jahr weiter zurückgeht.

- **Neue Marktzugänger:** Der Markt der E-Reader ist ein Nischenmarkt und verträgt daher nicht allzu viele neue Akteure. Einige Vorreiter haben sich bereits gut auf diesem gesättigten Markt etabliert und besitzen weltweit große

Marktanteile. Zudem ist es recht schwierig, sich gegen eine solche Konkurrenz durchzusetzen. Für neue Marktzugänger ist das Risiko doppelt so hoch, da sie bei Markteintritt ein sehr hohes Kapital für die Produktion benötigen und außerdem in großen Mengen produzieren müssen, um Skaleneffekte zu erzielen. Dies ist nur möglich, wenn Kunden einen enormen Mehrwert in den neu angebotenen Produkten sehen, den sie sich nicht entgehen lassen wollen. Die Bedrohung durch neue Marktzugänger ist also relativ gering.

- **Konkurrenz innerhalb der Branche**: Wenige weltweit agierende Akteure teilen sich den E-Book-Markt, in dem ein starker Wettbewerb herrscht. Bis vor einigen Jahren führte *Amazons Kindle* den Markt deutlich an, gefolgt von *PanDigital*, *Nook* und *Sony*, während sich weitere Akteure die restlichen 20 % teilten. Die Konkurrenz spitzte sich zu, bis *Sony* im Februar 2014 die Einstellung der E-Reader-Produktion in den USA bekannt gab. Dies war auf den dort besonders stark ausgeprägten Druck im E-Reader-Markt zurückzuführen. *Sonys* Kundenstamm ging an den ehemaligen Konkurrenten *Kobo* über. Auch 2017 blieb der

Kindle in Deutschland Marktführer (55 %), gefolgt vom *Tolino*, der im selben Jahr von *Kobo* übernommen wurde.

E-Reader-Markt

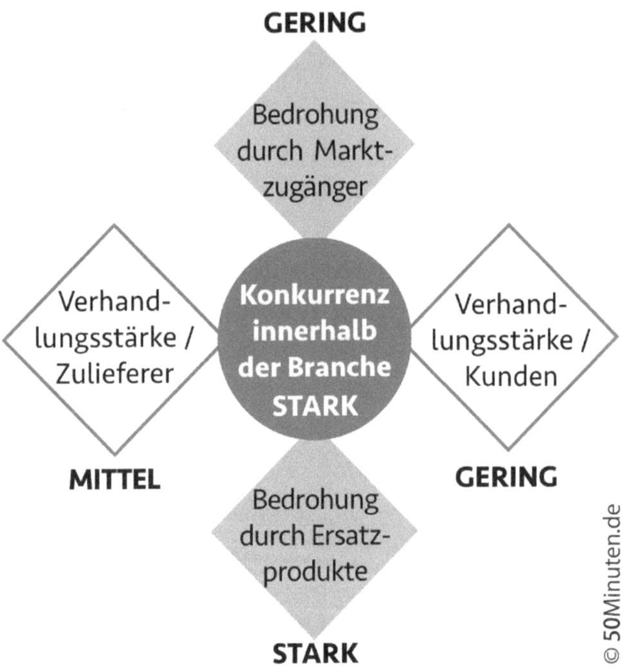

Die E-Book-Industrie hat innerhalb weniger Jahre eine Sättigung des Marktes erreicht. Heute wird er von einer Handvoll Akteure geführt, die sich angesichts einer beunruhigend wachsenden Anzahl an Ersatzprodukten einen erbitterten Kampf liefern. Es ist also wahrscheinlich, dass die Rentabilität dieses Markts bald zurückgehen wird und dass gleichzeitig die Investitionen in die Branche nach und nach auf ähnliche, vielversprechendere Technologien umverteilt werden. Amazon ist sich dieser Verlagerung bewusst und hat mit der Einführung eigener Smartphones und Tablets bereits strategische Entscheidungen in diese Richtung getroffen.

ZUSAMMENGEFASST

- Das Fünf-Kräfte-Modell, 1979 von Michael E. Porter entwickelt, gilt als einer der Grundpfeiler der heutigen Strategieführung. Es dient der Analyse des Wettbewerbsumfelds einer Branche.
- Fünf Kräfte – Verhandlungsstärke von Kunden und Zulieferern, Bedrohung durch Ersatzprodukte und neue Marktzugänger, sowie Konkurrenz innerhalb der Branche – werden in dem Modell betrachtet und helfen Unternehmen damit, die Interaktion innerhalb ihrer Branche besser zu verstehen.
- Dies hilft nicht nur bei der Visualisierung der Konkurrenz und der Einschätzung der Rentabilität einer Branche, sondern unterstützt auch Geschäftsführer dabei, ihre Strategien langfristig auszurichten.
- So gut es auch gedacht ist, weist Porters Modell dennoch einige Schwächen auf. So werden beispielsweise Möglichkeiten/Chancen unterschätzt, die Branche rückt im Vergleich zum Unternehmen zu stark in den Fokus und

Faktoren, die die Nachfrage beeinflussen, bleiben unbeachtet.

- Das Modell kann auch eine sechste Kraft enthalten: die Regierung. Diese kann die wirtschaftlichen Beziehungen zwischen den Akteuren einer Branche – und somit indirekt auch deren Profitabilität – beeinflussen.

Ihre Meinung ist uns wichtig!
Hinterlassen Sie doch einen Kommentar auf der
Seite unserer Online-Buchhandlung
und teilen Sie Ihre Favoriten in den sozialen
Netzwerken!

DARÜBER HINAUS

LITERATURVERZEICHNIS

- *Börsenverein des Deutschen Buchhandels: „E-Books. E-Book-Quartalsberichte."* http://www.boersenverein.de/ebook-markt (04.04.2018).

- *Buchreport*: „Kindle ist Marktführer, deshalb keine Bedenken gegen Kobo als Tolino-Partner." 20.01.2017. https://www.buchreport.de/2017/01/20/kindle-ist-marktfuehrer-deshalb-keine-bedenken-gegen-kobo-als-tolino-partner/ (04.04.2018).

- Besanko, David et al.: *Economics of Strategy*. 6. Aufl. Wiley: Hoboken 2013.

- Magretta, Joan: *Understanding Michael Porter. The essential guide to competition and strategy.* Harvard Business School Publishing: Boston 2012.

- Porter, Michael E.: *Competition in Global Industries.* Harvard Business Press: Boston 1986.

- Porter, Michael E.: „The Five Competitive Forces That Shape Strategy". In *Harvard Business Review* 86 (1 Jan. 2008). S. 78-93. http://www.exed.hbs.edu/assets/documents/hbr-shape-strategy.pdf (04.04.2018).

- Porter, Michael E.: „Towards a Dynamic Theory
  of Strategy". In *Strategic Management Journal* 12
  (Winter 1991).

- Porter, Michael E.: *Wettbewerbsstrategie:
  Methoden zur Analyse von Branchen und
  Konkurrenten.* Aus dem Englischen von Volker
  Brandt und Thomas Carl Schwoerer. 12., aktual.
  und erw. Aufl. Campus Verlag: Frankfurt am Main
  2013.

WEITERFÜHRENDE LITERATUR

- Herrmann, Andreas; Huber, Frank:
  Produktmanagement. 2. Aufl. Gabler: Wiesbaden
  2009.

- Homburg, Christian: *Marketingmanagement.
  Strategie – Instrumente – Umsetzung –
  Unternehmensführung.* 6. Aufl. Springer Gabler:
  Wiesbaden 2017.

- Sztuka, Achim: „Branchenstrukturanalyse (Five
  Forces) nach Porter". *Manager Wiki.*
  http://www.manager-wiki.com/exter-
  ne-analyse/22-branchenstrukturanalyse-qfi-
  ve-forcesq-nach-porter (04.04.2018).

MEHR AUF 50MINUTEN.DE

- del Marmol, Thomas: *Die PESTEL-Analyse. Bessere Prognosen durch Umfeldanalysen*. Aus dem Französischen von Mareike Lobeck. Plurilingua Publishing: Brüssel 2018.

- Speth, Christophe: *Die SWOT-Analyse. Erstellen Sie einen Strategieplan für Ihr Unternehmen*. Aus dem Französischen von Mareike Lobeck. Plurilingua Publishing: Brüssel 2018.

50MINUTEN.de
Geschichte
Business
Für die Arbeitswelt
Non-Fiction kompakt
Gesundheit & Wellness
Kunst und Literatur
DAS PARETO-PRINZIP
DAS CANVAS-BUSINESSMODELL
DIE SWOT-ANALYSE
SCHMÖKERN
SIE SICH SCHLAU!
www.50Minuten.de

Die präsentierten Inhalte werden vom Herausgeber überprüft, dennoch übernimmt dieser keine Haftung für die inhaltliche Richtigkeit, Vollständigkeit und Aktualität der vorgestellten Inhalte.

www.50Minuten.de

ISBN digitale Ausgabe: 9782808009034

ISBN gedruckte Ausgabe: 9782808009225

Pflichtexemplar: D/2018/12603/221

Cover: © Plurilingua

Digitale Aufbereitung: Primento, der digitale Partner der Herausgeber